Uni-Versi Sbriciolati

Raccolta di poesie
di Rosanna Tafanelli

Uni-Versi Sbriciolati

Raccolta di poesie di Rosanna Tafanelli

prima edizione: marzo 2025

Illustrazioni e copertina disegnate dal Team della RCP

©ROBERTO CALVO PRODUCTIONS LTD (RCP)

ROBERTO CALVO PRODUCTIONS LTD

71-75, Shelton Street, Covent Garden, London

WC2H 9JQ, UNITED KINGDOM

info@robertocalvoproductions.com

www.robertocalvoproductions.com

Dedicato a chi amo, a chi mi ama
e anche un po' a chi mi detesta.

PREFAZIONE

Questa raccolta nasce dall'esigenza di raccogliere e pubblicare i brani che negli ultimi anni l'autrice aveva elaborato solo per sé, per rendere concreti attraverso la parola sensazioni e sentimenti personali, che in un primo momento avrebbero dovuto restare tali.

Ha sempre pensato che pubblicare potesse significare voler mettere in piazza la propria anima, alla mercé di tutti e di chiunque, anche di chi magari non avrebbe saputo cogliere delicatezze e sfumature e ne avrebbe potuto ridere.

La decisione di creare questo piccolo volume che raccoglie poesie dell'età matura, quella della riflessione e del perdono, è nata su impulso di questo Editore, che ha la prerogativa di conoscere molto bene l'anima dell'autrice e che pensa valga la pena mostrarne un pezzetto anche al pubblico.

La responsabilità pertanto è sua, dell'Editore, prendetevela con lui, semmai il libro non fosse di vostro gradimento.

Viceversa, i complimenti e le critiche affettuose saranno ben graditi a Rosanna.

Roberto Calvo (editore)

Universi sbriciolati (poesia non-sense)

Universi sbriciolati
e mille piccoli soli roteanti
nell'infinito nulla.

Gocce e gocce di cielo sfilacciato
scolorano le tende del mercato,
picchiettano le melegrane e i fichi.

Sul muro, gechi vermigli saettano,
precipitando incolumi nel vuoto
e urlando afoni al vento.

Schegge di pietra schizzano sonore,
tamburellando tronchi marcescenti
e trafiggono fiori morbidi carnosi.

Puc, puc, puc... grosse e lente
si levano nell'aria bolle dorate
ripiene di pensieri... puc!

Composta lunedì 1 marzo 2010

9

Angelo di terra

Com'è successo che non ti vedevo,

angelo mio sepolto nei ricordi,

cosa ti nascondeva alla mia vista

mentre la vita si snodava, piano?

Non avevo capito che sostavi

ad un palmo da cuore, in attenzione,

in perfetto silenzio, evanescente,

per sostenermi nel momento buio.

Sei rimasto sospeso nell'attesa,

quando mi sono illusa di un amore,

quando sono caduta e risalita,

convinta che la forza fosse mia.

Ho sollevato il viso, finalmente,

per guardare negli occhi la mia vita

ed ho riconosciuto il tuo sorriso

in un amore solido, terreno.

Un angelo di terra, senza ali,

mi ha aperto le sue braccia ed eri tu,

ha disperso ogni nube dai pensieri,

ha illuminato i passi fino a te.

Composta martedì 1 gennaio 2013

11

L'ora blu

Vieni a trovarmi,
nell'ora blu della sera,
quando le dita rosa del tramonto
hanno tuffato il sole
oltre la linea curva.

La pietra è calda
dell'ultimo raggio dorato,
negli occhi ancora uno sprazzo
che li fa cerulei,
specchio di cielo acceso.

Venere brilla,
pianeta-stella inconsapevole,
dea della bellezza e dell'amore,
e buca il drappo di raso disteso in alto,
sorretto da mani d'angelo.

Aspetto appoggiata al muro,

le braccia vuote,

gli occhi pieni di luce,

l'anima assorta

ed il cuore innocente.

Vieni a trovarmi,

nell'ora blu della sera,

la nostra.

Composta venerdì 5 giugno 2020

I pazzi siete voi

I pazzi siete voi,

che non capite

che lui mi è entrato dentro al sangue

trapassandomi gli occhi.

Pazzi, che non vedete

lui che mi cammina nelle gambe

e mi tiene incatenata

con i miei stessi capelli.

Poveri voi, che mi curate,

pensando che la voce che io sento

viva nella mia testa

e non sulla mia bocca, come un bacio.

Io sola conosco la dolcezza

delle nenie che di notte lui mi canta,

mentre con le mie braccia lui mi abbraccia

ed io scivolo nel suo respiro in sonno.

Pazzi voi, se credete di strappare

chi vive nella carne, sotto pelle,

compenetrato nel corpo e dentro al cuore

di una pazza d'amore.

Composta sabato 14 febbraio 2015

Lucia

Solleva adagio lo sguardo,
occhi, buccia di castagna,
ciglia, ombra azzurra su pelle d'alabastro.

Ha lungamente atteso il momento,
raccontando a se stessa ogni parola,
e in un abbraccio, in un soffio hai capito.

Ora l'inespresso vive sul suo volto,
pallida maschera sulla carne viva,
e passa dalla mente agli occhi, traslucente.

Nessuna lacrima, nessun addio, soltanto
il ricordo di te che l'hai amata
accompagna il cammino.

Composta lunedì 5 luglio 2010

Mani

È immobile, scolpita nella pietra,
lo sguardo perso verso l'infinito,
viva solo una lacrima splendente,
testimone di un dolore senza nome.
Mani pervase da dolore muto,
per non aver saputo trattenere
l'urto dell'onda sorda e devastante,
che ha trascinato tutto nell'abisso.
È condannata a vivere ugualmente,
solo le mani ad affrontare il cielo,
negli occhi l'acqua grigia impietosa,
negli orecchi il tumulto spaventoso.
Mani giunte in preghiera silenziosa,
grido impotente, desolato, vano,
contro il mare impazzito di tsunami:
nessuno torna a raccontare il viaggio.

Composta lunedì 5 luglio 2010

Frammenti di una foto ingiallita

Mi guardi, bianca,
dalla tua antica lontananza
e spingo la barca della mente
al largo del mare grigio dei ricordi.

Una piccola mano sulla tua,
quante volte accarezzata nei miei sogni,
rimane fredda, inerte e abbandonata,
priva del tuo calore e dei tuoi baci.

Occhi fissi negli occhi,
domanda muta e preghiera d'amore,
ma la scintilla del mio sguardo chiaro
non bastò mai ad accenderti un sorriso.

Un sepolcro il tuo cuore,
dove moriva il tesoro del mio affetto
e più ne davo e più non ne tornava
come pianto che terra arida assorbe.

Vorrei con la mia barca della mente

navigando quel mare di silenzio,

giungere a te, capire il tuo mistero

e perdonarti e farmi perdonare.

Composta lunedì 4 novembre 2013

Ad Alda Merini 1° novembre 2009

Non sono triste, Alda,
piango ma con il sorriso,
come hai vissuto Tu,
cantrice dell'amore disperato.

Ora sei finalmente libera ed in pace,
è cessato il tormento d'amore,
non più schiava del tempo,
godi l'estasi dell'eterno.

Non versi lacrime,
avvolta nel fumo dell'ultima sigaretta,
e guardi stupita e incredula
la frotta dei nostri pensieri giungere fino a Te.

Mani d'angelo Ti accolgono
e Tu riversi dolce poesia nel cielo,
dove l'amore perfetto che meriti
non Ti lascerà mai sola.

Composta domenica 1 novembre 2009

25

Danzerò per te

Danzerò per te
sul far della sera
in un campo di grano maturo,
tu suonerai un violino
dalle magiche corde
nel sole morente.

Ebbra d'aria e d'amore
ondeggerò con ali di colomba
e sfiorerò il tuo corpo,
la musica ci farà da cuscino,
la sera, con le sue stelle, da coperta
ed ai nostri baci esulteranno gli angeli.

Composta sabato 31 agosto 2013

Ad un'amica nel giorno del compleanno

Noi ridevamo

e il tempo non passava,

belli, solari, generosi ed amici,

vivevamo giorni di luce e d'allegria.

Noi sognavamo

un viaggio affascinante,

scintillante futuro sconosciuto,

il mondo attendeva solamente noi.

Il tempo si è fermato,

ti ho di fronte,

mi specchio nel tuo viso come allora

e niente è cambiato, cara Amica mia.

Mi racconti la vita,

attraverso occhi limpidi e sinceri,

mi dici quanto amore ti circonda,

quanto entusiasmo vivi in ogni giorno.

E se la vita è un viaggio

e chi ti ama viaggia assieme a te,

il tuo treno è un lunghissimo convoglio

su cui fin dall'inizio noi ci siamo.

Con un sorriso ancora,

chi ha la fortuna del tuo affetto vero

ti augura solo bene, gioia e amore

nello stupendo viaggio della vita.

Composta domenica 29 settembre 2013

Rossa come una rosa rossa

Rossa come una rosa rossa,
invasa di passione incandescente,
guardava un cielo acceso di colori,
bruciando tutta l'aria attorno a sé.

Il suo lento sfavillare nel tramonto
illuminava i baci degli amanti,
accesi dal riverbero infuocato
di brace inestinguibile e ribelle.

Così petali come carne viva
ardevano perpetuamente al sole,
amandolo di amore quasi umano,
così come tu sai che amo te.

Composta venerdì 6 settembre 2013

31

Quarant'anni dopo

Strana magia, stasera. amici cari.

Nella mente mi scorrono i ricordi
in un viaggio nel tempo all'incontrario
e vi rivedo tutti a diciott'anni,
gli occhi splendenti ed il cuore acceso.

Ad uno ad uno mi sfilate accanto
e ciascuno di voi mi porge in dono
un frammento lucente di quei giorni,
un'emozione verde e preziosa.

Mi riportate in mente le risate,
le lacrime, le gioie, le speranze
di noi, abbracciati alla nostra giovinezza,
come se non dovesse mai finire.

Nell'inizio del viaggio della vita
abbiamo preso assieme la rincorsa,
incoraggiati dal solo ideale
di farci onore, ognuno a modo suo.

Passati quarant'anni resta intatto

il senso di quel tempo che non torna,

ma che ci ha visti uniti in un affetto

su cui non vedo i segni dell'età.

Nel mio viaggio nel tempo all'incontrario

ho visto tutti noi come eravamo,

ma questa sera, ora come allora,

gli occhi splendono di lacrime e sorrisi.

Strana magia, stasera, amici miei.

Composta sabato 26 gennaio 2013

Aspettando Natale

Un ceppo nel camino, il fuoco acceso,
spolverata di neve sulle cime,
nell'aria fumo di castagne e vino,
nel cuore l'ansia della bimba che ero.

Il freddo si condensa sopra i vetri,

sgocciola sulle mani ormai nodose,

nel buio il lucore di una stella sola,

attende il giorno e l'ora dell'arrivo.

È un bambino, un annuncio, una promessa,

aspettativa, sogno, provvidenza,

gioia, speranza, futuro, sicurezza

o attesa di un amore corrisposto?

È l'aria di Natale, è quell'attesa

che accompagna giornate silenziose,

mentre uno spirito nuovo mi pervade,

e so ancora una volta che lui c'è.

Composta sabato 20 dicembre 2008

Momenti di noi

Ti ho guardato ed il tempo era sospeso,
poi è stato come fossimo già uno,
un respiro e uno spirito riuniti,
precipitati nel flusso della gioia.

Mani intrecciate, sguardi, passeggiate,
l'abbraccio dolce di corpi saziati,
presi dal vento caldo del mattino,
sono spicchi di vita di noi due.

Un incontro vissuto come un dono,
un reciproco scambio di due vite,
siamo ricchi di noi, dei nostri sensi,
nuovi e vivificati in armonia.

Ciò che ricorderai con più rimpianto
saranno i baci casti e appassionati,
quelli in punta di labbra, sottovoce,
dati con il sorriso di chi parte.

Composta domenica 8 luglio 2012

Luna

La dolce signora delle stelle
Ultima sentinella della notte
Naviga lentamente nel mio cielo
Accendendomi di stupore.

Composta martedì 8 maggio 2012

Acrostico

Come all'inizio del viaggio

Da quale lontananza sei partito,
seguendo strade ferrate,
percorrendo sentieri polverosi,
a bordo di navi senza pilota,
nell'infinito percorso
per raggiungermi?

Ferma in ogni stazione,
ad ogni curva, in ogni porto
ti aspettavo, stesa su ogni spiaggia
baciata dal mare, immemore del mondo,
con lo sguardo fisso nel tuo stesso cielo.

Il cammino attraverso isole di sogni,
i passi lunghi, le soste, ogni tuo gesto ho spiato
in attesa che finalmente, sgombro lo sguardo,
tu mi vedessi splendida, adornata, accanto a te
come all'inizio del viaggio.

Composta sabato 12 maggio 2012

Abbraccio

Amico, amore senza struggimenti,
amico di musica, sorrisi e lacrime,
di strade impervie e voli senza meta,
cosa ti darò per ricolmare le tue mani
e placare la tua sete?

Posso portarti sale,
che intrida le tue labbra di sapienza,
posso portarti olio,
che unga la tua fronte di sacro,
posso portarti vino,
che tinga le tue guance di letizia.

Nella mutevole danza della vita,
un giorno
porterai anche tu per me
sale, olio, vino
e pane, a saziare la mia fame.

E per sconfiggere il demone

del vuoto

ti porterò il mio cuore,

che abbracci il tuo, quando si sente solo.

Composta domenica 12 febbraio 2012

Il cerchio della vita

Quando sarò tornata
dal mondo delle idee,
purificata dal trapasso
da una vita all'altra,
ugualmente mi riconoscerai.

Sarò nel battito di ciglia
d'occhi di un altro colore,
nell'atteggiarsi lento
di un nuovo incedere,
nella fremente stretta di un abbraccio.

Cadrà tutto il rimpianto
della felicità perduta,
allo scoccare
del mio sguardo nel tuo,
frantumando l'aria in gocce di luce.

Benediremo il Cielo
per la sorte generosa,
che tra milioni di angeli in volo
mi fa cadere là
dove tu cadi alla fine del viaggio.

Poi, ricomposta l'unione
mai rassegnata a finire,
riprenderemo la via d'amore
interrotta solo per un attimo,
abbracciati nel cerchio della vita.

Composta venerdì 20 gennaio 2012

L'anno che verrà

Sarà domani l'anno nuovo
e ancora
sento il sapore di questo che ho vissuto.

Giorni di grazia, notti di magia,
mesi di gran lavoro e di speranze,
tutti nel vasto archivio della mente.

Ferma sul limitare della festa,
assieme a te faccio il conto alla rovescia,
meno sei, cinque, quattro, tre...

Un calice di mille bollicine ed un tuo bacio,
l'affetto di chi mi ama veramente,
il coraggio di accettare la sfida,
son pronta ad accogliere l'anno che verrà.

Composta lunedì 28 dicembre 2009

Attesa

Sabbia.
Fredda e arida e inerte
Ma, scabrosa, non concede refrigerio
Al tuo corpo bruciato dal sole.

Mare.
Densa azzurrità increspata di schiuma
Sommerge, fluttua, penetra gli anfratti
Del tuo corpo ripiegato su di sé.

Sole.
Incastonato immoto in un attimo eterno
Sovrasta indifferente le passioni
Che il tuo corpo urla all'infinito.

Cielo.
Nero come l'assenza di un amore
Come il fondo di un cuore senza pace
Come una notte senza alcun riposo
Per il tuo corpo solo senza me.

Attesa.

Fredda, densa, nera, indifferente

Continuerà ogni giorno ed ogni ora

Finché una vela bianca all'orizzonte

Riporterà il mio corpo fino a te.

Composta lunedì 16 maggio 2011

Non sarà pace - 8 marzo 2011

Non sarà pace per noi,
finché le lacrime di una sola donna
bagneranno ancora aule di tribunali
o navate di chiese,
per un dolore che non trova parole.

Non sarà pace,
finché il corpo di una sola donna
giacerà ancora in sale d'obitorio
o in letti d'ospedale,
per una violenza che non ha ragione.

Non sarà pace,
finché i passi di una sola donna
risuoneranno ancora in strade di periferia
o in ville di potenti,
per un compenso che è senza dignità.

Non sarà pace,

finché la rabbia di una sola donna

urlerà ancora nelle piazze del paese

o nel buio della sua mente,

per un'ingiustizia che non prevede riscatto.

Non sarà pace per noi, uomini e donne,

finché una sola donna non otterrà rispetto.

Composta domenica 6 marzo 2011

Risorta

La tua spada per trafiggermi,
il tuo mantello per raccogliermi,
nella tua coppa tu berrai il mio sangue
ed ancora me ne chiederai.

Sarai dolce carnefice del corpo
ed angelo della mia anima,
con te non vivo più, amor mio,
e senza te io muoio.

Sarai il mio cavaliere e il mio assassino,
sarò la dama tua ed il sogno,
uccidimi d'amore quando vuoi,
tornerò sempre accanto a te.

Nell'alba del domani nuovo, poi,
mi troverai risorta,
pronta a donarti ancora tutta me,
fino alla fine del tempo.

Composta lunedì 3 gennaio 2011

Verso la luce

Curvo s'incamminava lungo il viale,
il passo incerto, il bianco capo chino.

Nell'aria fredda foglie gialle a terra,
nel cielo grigio senza sole, nubi.

Lui lento, stanco, stretto nel cappotto,
si appoggiava al bastone e sorrideva.

Il cancello oramai era spalancato
sul giardino infinito e silenzioso.

Il giorno terminava dolcemente,
il suo cammino era compiuto.

Senza rimpianti, senza alcun rimorso,
percorreva la via verso la luce.

Un fiore tra le mani

Ho un fiore tra le mani,
di acqua azzurra,
lo trattengo, che non scivoli via.

Ho un fiore tra le mani,
di carta fine,
lo proteggo dal fuoco, dalla pioggia, dal vento.

Ho un fiore tra le mani,
di vetro prezioso,
rispecchia cielo e nubi, sole e deserto.

Ho un fiore tra le mani,
di pietra scabra,
si abbatte il mondo su di lui e lui resta.

Ho un fiore tra le mani,
di acciaio temprato,
esisterà oltre la vita, oltre il tempo.

Un fiore d'acqua e di pietra,
di carta e di vetro e d'acciaio,
tu per me.

Amapòla

Viola farfalla, splendida amapòla,
ali distese contro il sole,
vibra.

Stessa lunghezza d'onda del mio cuore,
ritmo fluttuante nell'etereo,
danza.

L'ascesa lenta in balìa dei venti,
sinuoso gioco trascinante,
avanza.

Un fremito soltanto fuori rotta,
ala ribelle contro il fato,
devia.

Viola farfalla, amapòla sognante,
tempeste di felicità
solleva.

Torna la notte

L'ultimo raggio ha brillato
fino al tramonto, ad occidente.
Scura trapunta di stelle
torna la notte, pacificante.
Lacrime dentro ai miei occhi
come diamanti, scorrono via.

Respiro il silenzio del buio
su questa loggia, sola nell'ombra,
mentre la mente percorre
la bianca strada dei sentimenti.
Ricordi dentro ai miei occhi
come scintille, bruciano via.

Quando più nera dell'odio
torna la notte, senza orizzonte,
bruno velluto felpato
sento lo sguardo della mia gatta.
Sorrisi dentro ai miei occhi
come farfalle, volano via.

Mai distante

Sento il tuo passo
in ogni passo che mi si avvicina
e vedo il tuo sorriso
in ogni volto scorto tra la folla.
È il tuo profumo
ogni profumo che mi porta il vento
e la tua voce
è in ogni voce di un coro lontano,
in ogni lampo
che brilla in mille sguardi sconosciuti.
Immanente pensiero
che sottende ai pensieri d'ogni giorno,
non sarai mai distante,
ti porto sempre qui dentro di me.

Il rito

Bianca vestale, tunica ondeggiante,

all'ombra di una luna assiderata,

lei danza trasognante intorno al fuoco.

Di tratto in tratto alle fiamme vive
largisce mammole appassite e rose
e lettere d'amore mai spedite.

Si sprigiona ora un fumo profumato
di carezze non date e baci attesi
e di sogni neppure immaginati.

Fluttua nel vento e nella notte chiara,
le foglie secche del passato arse,
pallido volto baciato da stelle.

Dopo che il rito è stato celebrato,
monda d'ogni ricordo, d'ogni affanno,
pacificata attende il tuo ritorno.

Tu sei, io sono

Quando io sono sabbia, tu sei mare
e se tu sei rugiada, io sono fiore.
Quando io sono la sete, tu sei acqua
e se sono la terra, dolce pioggia.

Onda di vento, sei la mia tempesta
e distesa di grano, la mia falce.
Se sarò prigioniera, la mia gabbia
e se sarò gabbiano, cielo aperto.

Amarezza infinita, il mio veleno
e dolcezza profonda, sei il mio miele
Se tu sarai la forma di ogni sogno,
sarò il guanciale del tuo desiderio.

Scrivo per te

Scrivo per te...

parole nere di pece, bollenti dentro al cuore,

parole rosse di lava, incandescenti in viso,

parole viola di terra, abbarbicate al seno.

Scrivo per te...

la nera bestia del risentimento assale,

la ferula nefasta del ricordo travolge,

il cieco ragno dell'indifferenza ghermisce l'anima.

Scrivo per te...

e cerco avidamente alla mia fonte d'oro e d'argento,

parole sfrigolanti sul rosso e nero fuoco.

Rugiadosa una goccia di poesia svapora nell'aria

dicembrina.

Scrivo per te...

per te che hai rotto il ponte sopra il fiume,

nessun legame ormai tra sponda e sponda,

priva di me, la tua è non vita, amore.

Miniera d'oro

Scava, tu scava ancora nel mio cuore,
troverai oro, perle, splendidi diamanti,
profumi, unguenti, essenze delicate
e canto e suoni e sinuose danze...

Nascosta nel segreto più profondo
vive la mia miniera di parole,
vena che scorre viva senza posa,
dà nuovo corpo a un sentimento antico.

Un distillato d'oro goccia a goccia
scende dalle pareti rotolando
fino nel pozzo dei miei desideri,
fino a lambire sponde mai sperate.

Cerca, tu cerca sempre dentro me,
troverai quel tesoro di parole,
semplici, complicate, preziose,
nascoste ad aspettare chi le ama.

7 febbraio 2008

Virtuale

Lo so, lo sento, noi ci apparteniamo,
forse perché ci unisce un sentimento
travalicante monti ed altipiani,
spontaneo ed intrigante, immaginato...

Pensa: noi due una sera, sogno strano,
tu sigaro toscano e limoncello,
io sul divano mirto e caramella,
scambio di occhiate tenendoci la mano.

Tesoro mio, quel sogno ci consola
di un quotidiano poco entusiasmante,
allevia una giornata faticosa,
la nostra vita troppo impegnativa.

Resta così sospesa e illuminata
una realtà virtuale sorprendente,
che lega due destini sconosciuti
e splende su di noi senza timori.

Non accadrà che lo dimentichiamo,

malinconie, sorrisi, nostalgia,

tutto nel sogno è giusto e accarezzante,

tutto rimane in cuore, a te, a me.

7 febbraio 2008

Venezia al tramonto

Venezia in cartolina era il mio sogno.
San Marco, il campanile nel tramonto
e la sobria maestà dei suoi canali.

L'umida verde ombra dei palazzi,

la scura trasparenza, argentei guizzi,

nell'acqua ferma sotto gli archi antichi...

Ma quell'aria sospesa a mezza sera,

la passeggiata lungo calli e ponti

e le vetrine d'oro rilucenti,

i colombi nel cielo cilestrino...

La Venezia più autentica, la nostra,

accanto a te io l'ho riconosciuta:

era il sigillo di quel tempo assieme

impresso nella carne del tuo viso.

Tu mi sei sole

Tu mi sei sole, io ti sono luna
e conterò le stelle a cento a cento
e per ognuna un bacio, una carezza
e la luce di occhi innamorati.

Sera maliarda, notte incantatrice,
artefice di un sogno mai sognato,
avvolgi nell'abbraccio tuo stellato
chi di quel sogno non ha più paura.

L'immensità del cielo non ci basta,
più vasto sarà ancora l'universo
e accoglierà l'infinità d'amore:
sarò il tuo sole, sarai la mia luna.

Tra le righe

Tra le righe un pensiero sconosciuto
scorre lungo i versi del mio canto,
memore del profondo senso nuovo
di parole antiche già sentite.

Tra le dita carezze smemorate
tornano a dare vita ad un ricordo,
ripercorrendo gesti del passato
e tracciando percorsi amati e noti.

Tra le nuvole il sole un po' velato
sbiadisce su un giardino ormai fiorito,
mentre i suoni del mondo allucinato
rompono l'armonia di quel momento.

Tra le righe scopro il significato
del tempo mio che passa e mi racconta
nuvole, sole, carezze, vita, suoni,
racchiusi in un pensiero inaspettato.

Silenzio

C'è un gran silenzio intorno a me, perfetto.

Sola con i pensieri senza tempo
ripercorro sentieri conosciuti
e osservo il mio giardino, autunno pieno,
prendere dolcemente il rosso e l'oro.

La luce del mio sole scalda ancora,
dimentica dell'ora del tramonto,
e splende sotto i rami dell'ulivo
sulle mie mani, vuote senza amore.

L'attesa non è lunga, già ti vedo
incamminarti con un passo svelto,
sorriso in volto, rose tra le dita,
ultimi raggi tra i capelli amati.

Scende la sera sopra il nostro abbraccio
nuovo ed antico, noto e un po' straniero,
saremo insieme fino al nuovo giorno,
la luce dei miei occhi sarà stella...

C'è un bel silenzio intorno a noi, perfetto.

Non mi dici che mi ami

Non mi dici che mi ami, ma potente
un sentimento nuovo ti travolge
e se mi vuoi e non chiedi, più veloce
un desiderio annienta la tua pace.

Non mi dici che soffri, ma profondo
un dolore attanaglia la tua carne:
se non parli e non chiedi, più tremendo
sarà aspettare il giorno del perdono.

Dimmi che m'ami e soffri la mia assenza,
come io non esisto senza te:
le parole possono essere coltelli,
ma se sono d'amore danno vita.

Nella palude

Fate silenzio...
È l'ora, una bestia fugace
si avventa senza cuore
e ha gli occhi spenti di una belva
che muore lentamente.

Scende una notte nera dentro me.
Nera, con fredde mani
immerse dentro al cuore
senza pietà di me che tremo e prego.

Strappa pezzi e brandelli
della mia pura essenza
avvolgendo con spire di serpente
l'anima mia sperduta.

Lui più di me ha paura
del baratro del nulla che ha nel cuore
e il mio perdono
è la condanna che lo ucciderà.

E nel silenzio nasce dalla palude
la ninfea rosa della mia coscienza,
pura incontaminata trasparente,
verso una luce che la salverà.

Lea

Ha sempre quello sguardo innamorato
e quel guizzo negli occhi luminosi:
un bagliore improvviso tra le labbra,
fanciulla Lea spezzava il cuore a tanti...

Felice si stagliava in controluce,
la figura elegante, il passo altero,
inconsapevole del fascino sottile
che emanava soltanto sorridendo.

Una danza, un sospiro, una parola,
t'amo, detta dall'uomo più sincero
e la vita prendeva un nuovo incanto
tra le mani del suo vero amore.

Lea sa che vera vita spesa bene
rende felice chi la vive e l'altro,
che accanto a lei riverbera il suo amore:
la sua ricchezza è aver vissuto a pieno.

L'aureola dei capelli intorno al viso
ha mutato pian piano il suo colore,
ma la fanciulla Lea, la nonna Lea
sorride ancora a chi l'ama veramente.

Incontro desiderato

Notte, esterno, stelle...
Sulla panchina siedo felice e penso:
ti ho visto uscire, il bavero rialzato,
il passo svelto, lo sguardo assorto.
Un lampo nei tuoi occhi, il tuo sorriso, il mio:
dove, dove ti avevo visto e quanto ti ho aspettato,
ora, riconosciuta, mi vieni incontro, la mano tesa e
insieme
ci accompagniamo lungo il nostro viale.

Il Marinaio

Il marinaio

Sul volto, ogni segno è la strada
che dai tuoi occhi porta ai miei.

Il mare e il cielo, riflessi di colore,
sono dentro, azzurri, tempestosi.

Percorro ogni ruga, ogni solco
a fatica, leggendo gli anni
vergati profondamente nella carne.

Quanti giorni tu ad osservare il mare,
scrutando ogni nube, il sorriso sul viso,
l'ansia nel cuore: se vado, tornerò?

Quante notti io ad osservare il cielo
scrutando il buio, il sorriso sul viso,
l'ansia nel cuore: il mio amore tornerà?

Ed amo ogni segno di te, ogni solco,
se sono strade che portano ai tuoi occhi.

Il giardino

Muri di pietra, di ferro e di vetro,
un recinto intorno al mio cuore.
Un profondo silenzio regnava:
tu eri pioggia, io terra.

Fili di luce d'oro, di rosso e azzurro
su di me immota, assorta, ignara.
Un segreto profumo saliva:
tu eri farfalla, io fiore.

Sogni inseguiti, di giorni, di mesi e di anni,
riflessi sul fondo dell'anima.
Una dolce fiducia sorgeva:
tu eri sorriso, io amore.

Muri di luce, di musica, di sogni,
un incanto intorno al mio cuore.
Un dolce abbraccio nasceva:
Tu eri farfalla, io fiore.

Il monte

Quel giorno ti ricordi, amore mio?
La corsa sulla moto senza fiato,
la carezza del vento sul tuo viso
e gli alberi fugaci accanto a noi.

E la cima del monte contro il cielo,
timidi fiori lilla nel seccume,
i dirupi scoscesi e le vallate
e la piccola chiesa silenziosa.

Quel giorno era perfetto per l'amore
e tu, occhi splendenti,
sollevato lo sguardo su di me
hai risposto al mio invito sorridendo.

La moto riportava a sera il sogno
giù verso casa, noi due abbracciati
ed il monte scuriva all'orizzonte:
te lo ricordi amore mio quel giorno?

Fuoco

Ascolto assorta: musica del fuoco,

schiocca, scoppietta, frulla nel camino,

e osservo sfavillanti le scintille

divincolarsi dalle braci ardenti.

Brilla il pensiero mio intensamente

di parole splendenti e luce viva,

guizzanti lampi illuminano i muri,

fantasmi insonni parlano di te.

Arde la fiamma e lingue incandescenti

consumano la notte, poco a poco;

ormai rischiara l'alba, io ti aspetto,

l'attesa brucia immemore con me.

Bimbi

Un, torna dolce mio amico...
due, dammi svelto la mano...
tre, vieni ancora a giocare...
stella! Con me.

Un... dalle brume del tempo,
due... la tua voce sorride,
tre... sento che sei vicino,
stella! A me.

Un... il tuo volto bambino,
due... le mie mani sottili,
tre siamo insieme felici,
stella! Io e te.

Torna dolce mio amico...
dalle brume del tempo...
vieni ancora a giocare...
con me!

Ares

Ares, bianco amato compagno
di giorni lieti e bui,
il caso ti ha sottratto ai miei occhi,
non al mio cuore!

Sento di te il fiato corto
di quando ritornavo,
lungo viaggio o breve assenza,
alitarmi sul viso, asciugare il mio pianto.

Vedo ancora il tuo mantello scompigliato
più della mia stessa chioma,
dopo la corsa al bosco,
a gareggiare col vento a perdifiato.

Ricordo il ticchettìo delle tue zampe
dietro la porta e lo sbuffare forte
e l'abbraccio e la carezza che volevi
più dell'acqua e del cibo dalla mano.

Amico mio, più che umano,
il sogno di riaverti culla il sonno
e di nuovo sei accucciato sui miei piedi,
adorante, amichevole, fedele.

Mare

Conosco il punto in cui non è più spiaggia,
ma non è ancora mare, in pieno Agosto:
linea ideale tra l'asciutto e l'acqua.
Battigia ambrata di conchiglie e sassi,
di sabbia fine e granchiolini bianchi,
distesa lungo il margine d'azzurro.
Il fuoco del tramonto già si tuffa
nel blu profondo e spegne il proprio ardore,
stemperando di rosa l'orizzonte.
D'inverno pieno, il vento tumultuoso
agita le onde e tempestosi flutti
rumoreggianti irrompono sul lido.
Tutto è travolto dalla spuma audace,
che avvolge nel suo abbraccio e si ritira
come una donna vinta dall'amore...
Resta catrame e sassi, e stracci e tronchi
bianchi come le ossa di un naufragio,
con rami, braccia invano tese al cielo,
ricerca di un soccorso mai arrivato.

Mare d'inverno, solitario approdo,
detriti e malinconici pensieri
spazzati via dal vento tramontano
lasciano posto al sogno dell'estate.

Dall'orizzonte al cuore

Affacciata stasera alla finestra,

mi immergo nella linea del tramonto,

con la luna specchiata in fondo al mare,

dall'orizzonte al cuore ti ripenso.

Un petalo di rosa dentro a un libro
ed un nastrino rosso tra le dita
riportano i pensieri a giorni andati,
dal cuore all'orizzonte ti ricerco.

Ritmica l'onda lunga dei ricordi
sciaborda dolcemente nella mente
e tu torni presente nei miei occhi,
dal cuore all'orizzonte ti rivedo.

Di là dal tempo e dallo spazio noi
abbiamo insieme un unico respiro,
la nostra unione d'anime continua,
dall'orizzonte al cuore ti ritrovo.

Ci promettiamo il mondo

Lento mi ha colto un giorno il tuo sorriso,
luce inattesa, lampo abbacinante,
ed il tuo sguardo vellutato e fondo
fugace il mio volto ha accarezzato.

Rapido bacio sopra la tua mano
ed ho rimesso la mia vita a te:
fantasie, speranze, aspettative,
fiducioso ho affidato ad un tuo invito.

Di tutti i giorni insieme a te trascorsi
restano solo quelli appassionati,
i tristi e faticosi e amareggiati
svaniscono nell'ombra del ricordo.

Vive tra noi il frutto dell'amore,
scopo di vita, immagine di eterno:
in riva al nostro lago addormentato,
ci promettiamo il mondo io e te.

Apocalisse

Ho perso te, mio amore.
Demoni mi afferrano i polsi e le caviglie.
Atterrita, sanguinante, vinta
assisto allo straziarsi del mio cuore,
impotente
come vittima sacrificale.
Attorno a me silenzio,
nell'animo sospiri
poi,
una luce nell'ombra diffusa,
un violino lontano che ride,
il profilo del tuo viso ancora
vicino al mio
e la tua voce...
Amore mio, è mattina!

La vita in boccio

Frutto d'amore nasce nel tuo grembo
La vita in boccio, impronta di divino,
e cresce mentre tutti intorno tace
e attende il giorno e l'ora, paziente.

Sorgerà come stella del mattino,
come rosato petalo di fiore,
come goccia del già vasto fiume,
la tua creatura, presagio d'eterno.

Misero, nobile o Cristo sulla terra,
un bimbo è una promessa di futuro,
per te sarà impegno e dedizione,
frutto d'amore, dono atteso e sacro...

Maria

Mi fido di te, madre mia,
se dall'urlo del tuo infinito dolore
è nato il mio Signore.

Parlami di me, del mio dolore.

Donna autentica, divina,
hai preso in mano il male,
l'hai domato.

Parlami di me, della mia rabbia.

Segno tangibile di Dio,
dono per ogni cuore,
io ti ascolto...

Parlami di me, del mio perdono.

Fonte di puro amore
inimitabile, dal tuo sguardo
discende pace.

Parlami di me, della mia pace.

Vorrei essere te

Vorrei essere i tuoi occhi
e accarezzare mentre sto dormendo
con il tuo sguardo chiaro il mio sorriso.

Vorrei essere la tua bocca
e mormorare le più dolci frasi,
miele dei sogni, suadenti e sussurrate.

Vorrei essere i tuoi polmoni
e assaporare l'aria che respiro,
tiepida del mio sonno più sereno.

Vorrei essere il tuo cuore
e sobbalzare ad ogni mio sospiro,
incurante del mondo tutto intorno.

Vorrei essere la tua mente
e condividere ogni attimo di gioia,
che con il mio amore so donarti.

Vorrei essere te,

per comprendere a pieno il tuo pensiero,

quando dici che m'ami più di me.

Fiume in piena

È sgorgata da una polla segreta,
scorre, rimbalza, sciacqua, corre via,
trascina e poi travolge, veemente,
è come un fiume in piena...
l'acqua pura delle mie parole.

Era in attesa dell'attimo felice,
in dormiveglia nel profondo me,
nebbia azzurra incontaminata,
e viveva nascosta senza affanno,
frizzante e pur pacata, dono raro.

Nel tumulto stridente delle voci
tu dolce amico hai sentito armonia
e ascoltavi con grazia sorridente
lo scaturire timido dei versi.

Ora che il fiume in piena corre al mare,
rifulgendo di luce e di colori,
parole d'acqua viva, spumeggianti,
nel cavo della mano le berrai.

50 anni d'oro - Terza A

Ritrovarsi
e riallacciare le mani e i nostri sguardi,
Guardando i 5 anni e i 10 volte 5
Scorrere nell'amicizia mai interrotta.

Fermarsi
e sostare nell'infinito spazio-tempo
In quel futuro sognato e ora presente,
Contemplando chi eravamo e chi siamo.

Guardarsi
Fotografare emozioni, amori, gioie
e dispiaceri, scambiandoci parole leggere,
Rimescolando esperienze e successi.

Ringraziare
Abbracciando i fanciulli di ieri
Con le nostre braccia di adulti
Profondamente grati dell'incontro.

E darsi appuntamento

Per tornare ogni tanto nell'aula del ricordo,

Ripetendo gesti di un tempo, tra risate e libri.

E voglia di vita. Ancora là, ancora insieme, oggi.

Composto domenica 30 ottobre 2022

GRAZIE DA UN NUOVO ANGELO

Grazie, amore mio, per il primo schiaffo,
Per avermi fatto capire che sbagliavo.
Grazie per i primi lividi che mi hai lasciato,
Solo sulle gambe, per non mostrare al mondo
Quanto mi amavi e quanto lo meritavo.

Grazie, amore mio, per quel primo calcio,
Assestato preciso sulla pancia, con forza.
Grazie, perché il mio bimbo è nato,
Nonostante io non sia una buona mamma,
Nonostante io sia una buona a nulla.

Grazie, amore mio, ancora per il primo pugno,
Davvero la minestra era salata.
Grazie, per avermi insegnato a servirti
Così come desideravi sposandomi,
E perdonami per le mie imperfezioni.

Grazie, amore mio, per quel primo avvertimento,
Quando mi hai mostrato quel lucido coltello.
Grazie, perché in un dolcissimo sguardo
Incrociato per strada quella sera
Per un momento ti avevo dimenticato.

Grazie, per la furia cieca di stanotte,
Per aver massacrato ogni mia parte.
Grazie, per aver liberato la mia anima,
Per avermi infine donato quelle ali
Che hanno fatto di me un nuovo Angelo.

TI ASPETTO QUI

Ti aspetto qui,
nell'infuocato tramonto di stasera,
mentre il mare brucia
del calore di un sole
che non vuol morire.

Con te mi immergerò
nel blu cobalto acceso incandescente,
con te dissolverò
in mille gocce di fuoco e d'acqua,
in una splendente apocalisse.

Un quanto di luce

Nel buio della notte,
Vulnerabile,
Con gli occhi aperti
A catturare barlumi,
Cerco brandelli di pensieri.

Ricordi ondeggianti
In un polveroso turbinìo
Scorrono sulle pareti,
Cadono sui cuscini,
In umide gocce lacrimose.

Ho fame, ho sete, ho sonno,
Piango e rido,
Perduta nella fonda oscurità,
Solo un quanto di luce,
Mi raggiunge, mi guarda, mi fa vera.

Un unico, sottile, preciso raggio
Mi colpisce ed io esisto,
Sono reale, visibile, splendente.
Mi ha guardato l'amore
Attraverso la luce dei tuoi occhi.

IL VOLO

Amore mio dolcissimo,
Scioglimi dalle tue braccia,
Non senti la sua voce che risuona,
Con la sua sillaba immortale?

Ho visto lei che aspettava
E fiori pallidi accendere l'erba felice,
Veloci come la neve incontrata dall'estate.

Aveva un sorriso di paradiso,
E ti salutava con mani di alabastro,
Il vento piegava docili vele
Nel suo volo finale verso l'ignoto.

Ci guardava attonita nel nostro abbraccio
E fu il suo dono d'amore più prezioso
lasciare che tu mi amassi senza lei.

RINGRAZIAMENTI

La mia profonda gratitudine va ai miei genitori, Fulgenzio e Maria, per avermi suscitato alla Vita e avermela resa bella.

A Giovanni, mio amore, ad Annamaria e Roberto, mie frecce verso l'eternità, a Francesco, Elena e Daniela, nati dalla stessa carne, ai nipoti cari e a chi mi ama, grazie, la vostra vicinanza mi rende felice e fa di me ciò che sono.

SOMMARIO

147

www.robertocalvoproductinos.com

info@robertocalvoproductions.com

@robertocalvoproductions

www.ingramcontent.com/pod-product-compliance
Lightning Source LLC
Chambersburg PA
CBHW040748150426
42811CB00060B/1518